JOHANNES BRAHMS

Complete PIANO Works for FOUR HANDS

Edited by Eusebius Mandyczewski

The Vienna
Gesellschaft der Musikfreunde
Edition

DOVER PUBLICATIONS, INC., NEW YORK

Published in Canada by General Publishing Company, Ltd.,
30 Lesmill Road, Don Mills, Toronto, Ontario.
Published in the United Kingdom by Constable and Company,
Ltd.

This Dover edition, first published in 1976, is an unabridged
republication of Volume (Band) 12, entitled *Werke für Klavier
zu vier Händen*, of the collection *Johannes Brahms; Sämtliche
Werke; Ausgabe der Gesellschaft der Musikfreunde in Wien*,
originally published by Breitkopf & Härtel, Leipzig (n.d.; Editor's Preface to Volume 12 dated Autumn, 1927).
The Editor's Preface (*Revisionsbericht*) and the table of con-
tents have been translated specially for the present edition.

International Standard Book Number: 0-486-23271-9
Library of Congress Catalog Card Number: 75-27674

Manufactured in the United States of America
Dover Publications, Inc.
180 Varick Street
New York, N.Y. 10014

Contents

	PAGE
Variations on a Theme by Robert Schumann, Op. 23	2
Waltzes, Op. 39	26
Liebeslieder Waltzes, Op. 52a	48
Neue Liebeslieder Waltzes, Op. 65a	80
Hungarian Dances:	
No. 1, G Minor	106
No. 2, D Minor	114
No. 3, F Major	120
No. 4, F Minor	124
No. 5, F-sharp Minor	130
No. 6, D-flat Major	134
No. 7, A Major	140
No. 8, A Minor	144
No. 9, E Minor	152
No. 10, E Major	156
No. 11, D Minor	162
No. 12, D Minor	166
No. 13, D Major	174
No. 14, D Minor	178
No. 15, B-flat Major	180
No. 16, F Minor	186
No. 17, F-sharp Minor	192
No. 18, D Major	200
No. 19, B Minor	204
No. 20, E Minor	208
No. 21, E Minor	212

Revisionsbericht

VARIATIONEN. Op. 23.

VORLAGE:

Des Komponisten Handexemplar der ersten Ausgabe im Besitz der Gesellschaft der Musikfreunde in Wien. Diese Ausgabe erschien 1863 unter dem Titel: »Fräulein Julie Schumann gewidmet. Variationen über ein Thema von Robert Schumann für Pianoforte zu vier Händen componirt von Johannes Brahms. op. 23. Eigenthum des Verlegers für alle Länder. Leipzig und Winterthur, J. Rieter-Biedermann.« Verlagsnummer 270.

BEMERKUNG:

Die Vorlage enthält keine nachträglichen Korrekturen von Brahms und war bis auf einige unwesentliche Druckfehler maßgebend.

WALZER. Op. 39.

VORLAGE:

Des Komponisten Handexemplar der ersten Ausgabe im Besitz der Gesellschaft der Musikfreunde in Wien. Diese Ausgabe erschien 1867 unter dem Titel: »Dr. Eduard Hanslick zugeeignet. Walzer für Pianoforte zu vier Händen von Johannes Brahms. op. 39. Eigenthum des Verlegers für alle Länder. Leipzig und Winterthur, J. Rieter-Biedermann.« Verlagsnummer 470.

BEMERKUNG:

Mit Berücksichtigung der kleinen von Brahms nachträglich in sein Handexemplar notierten Verbesserungen war die Vorlage maßgebend.

LIEBESLIEDER. Op. 52 a.

VORLAGE:

Die bei N. Simrock G. m. b. H. Berlin und Leipzig in der Sammlung »Klaviermusik zu vier Händen« erschienene Ausgabe unter dem Titel »Johannes Brahms op. 52 a Liebeslieder, Walzer«.

Wien, im Herbst 1927.

BEMERKUNG:

Die Vorlage ist, wie die Verlagsnummer 7523 erweist, mit den Platten der ersten Ausgabe hergestellt. Diese war 1869 unter dem Titel »Walzer für das Pianoforte zu vier Händen nach den Liebesliedern op. 52 von Johannes Brahms«, mit vorgedrucktem deutschem und englischem Text bei N. Simrock in Berlin erschienen. Für unsere Ausgabe genügt der von Brahms komponierte Text. Ein Handexemplar besaß Brahms nicht.

NEUE LIEBESLIEDER. Op. 65 a.

VORLAGE:

Die bei N. Simrock G. m. b. H. in Berlin 1877 erschienene Ausgabe mit dem Titel: »Neue Liebeslieder. Walzer für vier Singstimmen und Pianoforte zu vier Händen von Johannes Brahms. op. 65. Bearbeitung für Pianoforte zu vier Händen ohne Gesang.« Verlagsnummer 7707.

BEMERKUNG:

Auch hier bringen wir, wie bei op. 52 a, bloß den deutschen Text. Ein Handexemplar besaß Brahms nicht.

UNGARISCHE TÄNZE.

VORLAGE:

Des Komponisten Handexemplar der ersten Ausgabe im Besitz der Gesellschaft der Musikfreunde in Wien. Diese Ausgabe erschien 1869 (Heft 1 und 2) und 1880 (Heft 3 und 4) unter dem Titel »Ungarische Tänze für das Pianoforte zu vier Händen gesetzt von Johannes Brahms. Verlag und Eigenthum der Simrockschen Musikhandlung Berlin.« Verlagsnummern 336 und 337 (später 6998 und 6999), und 8167 und 8168 (mit etwas verändertem Titel des Verlags).

BEMERKUNG:

An der ersten Ausgabe hat Brahms auch nachträglich nichts zu ändern gehabt. Sie blieb uns maßgebend.

Eusebius Mandyczewski.

Editor's Preface

VARIATIONS, Op. 23

BASIC TEXT FOR THE PRESENT EDITION:

The composer's personal copy of the first edition, in the collection of the Gesellschaft der Musikfreunde, Vienna. This edition appeared in 1863 with the title: "Fräulein Julie Schumann gewidmet. Variationen über ein Thema von Robert Schumann für Pianoforte zu vier Händen componirt von Johannes Brahms. op. 23. Eigenthum des Verlegers für alle Länder. Leipzig und Winterthur, J. Rieter-Biedermann." Publication number 270.

COMMENT:

The basic text contained no subsequent corrections by Brahms and was authoritative except for a few insignificant engraving errors.

WALTZES, Op. 39

BASIC TEXT FOR THE PRESENT EDITION:

The composer's personal copy of the first edition, in the collection of the Gesellschaft der Musikfreunde, Vienna. This edition appeared in 1867 with the title: "Dr. Eduard Hanslick zugeeignet. Walzer für Pianoforte zu vier Händen von Johannes Brahms. op. 39. Eigenthum des Verlegers für alle Länder. Leipzig und Winterthur, J. Rieter-Biedermann." Publication number 470.

COMMENT:

Taking into account the small emendations Brahms noted in his personal copy, the basic text was authoritative.

LIEBESLIEDER, Op. 52a

BASIC TEXT FOR THE PRESENT EDITION:

The edition titled "Johannes Brahms op. 52a Liebeslieder, Walzer" in the series "Klaviermusik zu vier Händen" published by N. Simrock, Berlin and Leipzig.

COMMENT:

As indicated by the publication number 7523, the basic text was produced with the plates of the first edition. This had been published by N. Simrock, Berlin, in 1869 with the title: "Walzer für das Pianoforte zu vier Händen nach den Liebesliedern op. 52 von Johannes Brahms" and had texts in German and English preceding the music. For this edition we were contented with the text assembled by Brahms. The composer did not possess a personal copy.

NEUE LIEBESLIEDER, Op. 65a

BASIC TEXT FOR THE PRESENT EDITION:

The edition published by N. Simrock, Berlin, in 1877 with the title: "Neue Liebeslieder. Walzer für vier Singstimmen und Pianoforte zu vier Händen von Johannes Brahms. op. 65. Bearbeitung für Pianoforte zu vier Händen ohne Gesang." Publication number 7707.

COMMENT:

Here again, as for Op. 52a, we give only the German text. Brahms did not possess a personal copy.

HUNGARIAN DANCES

BASIC TEXT FOR THE PRESENT EDITION:

The composer's personal copy of the first edition, in the collection of the Gesellschaft der Musikfreunde, Vienna. This edition appeared in 1869 (Parts 1 and 2) and 1880 (Parts 3 and 4) with the title: "Ungarische Tänze für das Pianoforte zu vier Händen gesetzt von Johannes Brahms. Verlag und Eigenthum der Simrockschen Musikhandlung Berlin." Publication numbers 336 and 337 (later 6998 and 6999), and 8167 and 8168 (with a somewhat different title of the publishing house).

COMMENT:

Brahms had no change to make in the first edition, which remained authoritative.

Vienna
Autumn, 1927

Eusebius Mandyczewski

Variationen
über ein Thema von Robert Schumann
für Pianoforte zu vier Händen

Fräulein Julie Schumann gewidmet

Johannes Brahms, Op. 23
(Veröffentlicht 1863)

Thema

Leise und innig

Secondo

Variationen

über ein Thema von Robert Schumann
für Pianoforte zu vier Händen

Fräulein Julie Schumann gewidmet

Johannes Brahms, Op. 23
(Veröffentlicht 1863)

Thema
Leise und innig

Primo

Var. I

Secondo

L'istesso Tempo. Andante molto moderato

Var. I

L'istesso Tempo. Andante molto moderato

Var. II

Secondo

Var. II

Var. III

Var. III

Var. IV

Secondo

Var. V
Poco più animato

Var..VI
Allegro non troppo

Var. VI

Allegro non troppo

Var. VII
Con moto. L'istesso tempo

Var. VII

Con moto. L'istesso tempo

Var. VIII
Poco più vivo

Var. VIII

Poco più vivo

Var. IX

Var. IX

Var. X

Molto moderato, alla marcia

Var. X

Molto moderato, alla marcia

Walzer
für Pianoforte zu vier Händen
Dᵣ Eduard Hanslick zugeeignet

Johannes Brahms, Op. 39
(Veröffentlicht 1867)

Walzer
für Pianoforte zu vier Händen
Dr Eduard Hanslick zugeeignet

Johannes Brahms, Op. 39
(Veröffentlicht 1867)

Secondo

Secondo

Secondo

Secondo

Poco più Andante

Secondo

Secondo

10

9

17

25

11

9

Secondo

Secondo

Primo

Secondo

Secondo

Liebeslieder

Walzer für Pianoforte zu vier Händen

(Verse aus „Polydora" von Daumer)

Johannes Brahms, Op. 52ª
(Veröffentlicht 1869)

Rede Mädchen, allzu liebes,
Das mir in die Brust, die kühle,
Hat geschleudert mit dem Blicke
Diese wilden Glutgefühle:

Willst du nicht dein Herz erweichen,
Willst du, eine Überfromme,
Rasten ohne traute Wonne,
Oder willst du, daß ich komme?

Rasten ohne traute Wonne—
Nicht so bitter will ich büßen,
Komme nur, du schwarzes Auge,
Komme, wenn die Sterne grüßen.

Liebeslieder

Walzer für Pianoforte zu vier Händen

(Verse aus „Polydora" von Daumer)

Johannes Brahms, Op. 52ª
(Veröffentlicht 1869)

Rede Mädchen, allzu liebes,
Das mir in die Brust, die kühle,
Hat geschleudert mit dem Blicke
Diese wilden Glutgefühle:

Willst du nicht dein Herz erweichen,
Willst du, eine Überfromme,
Rasten ohne traute Wonne,
Oder willst du, daß ich komme?

Rasten ohne traute Wonne —
Nicht so bitter will ich büßen,
Komme nur, du schwarzes Auge,
Komme, wenn die Sterne grüßen.

Im Ländler - Tempo

Secondo

Am Gesteine rauscht die Flut
Heftig angetrieben;

Wer da nicht zu seufzen weiß
Lernt es unterm Lieben.

Am Gesteine rauscht die Flut
Heftig angetrieben;

Wer da nicht zu seufzen weiß
Lernt es unterm Lieben.

Secondo

O die Frauen, o die Frauen,
Wie sie Wonne tauen!

Wäre lang ein Mönch geworden,
Wären nicht die Frauen.

O die Frauen, o die Frauen,
Wie sie Wonne tauen!

Wäre lang ein Mönch geworden,
Wären nicht die Frauen.

O die Frauen, o die Frauen,
Wie sie Wonne tauen!

Wäre lang ein Mönch geworden,
Wären nicht die Frauen.

O die Frauen, o die Frauen,
Wie sie Wonne tauen!

Wäre lang ein Mönch geworden,
Wären nicht die Frauen.

Secondo

Wie des Abends schöne Röte
Möcht' ich, arme Dirne, glüh'n,

Einem, Einem zu Gefallen
Sonder Ende Wonne sprüh'n.

4

Die grüne Hopfenranke,
Sie schlängelt auf der Erde hin.—
Die junge, schöne Dirne,
So traurig ist ihr Sinn!—

Du höre, grüne Ranke!
Was hebst du dich nicht himmelwärts?
Du höre, schöne Dirne!
Was ist so schwer dein Herz?

Wie höbe sich die Ranke,
Der keine Stütze Kraft verleiht?—
Wie wäre die Dirne fröhlich,
Wenn ihr der Liebste weit?—

5

Wie des Abends schöne Röte   Einem, Einem zu Gefallen
Möcht' ich, arme Dirne, glüh'n,   Sonder Ende Wonne sprüh'n.

Die grüne Hopfenranke,   Du höre, grüne Ranke!
Sie schlängelt auf der Erde hin.—   Was hebst du dich nicht himmelwärts?
Die junge, schöne Dirne,   Du höre, schöne Dirne!
So traurig ist ihr Sinn!—   Was ist so schwer dein Herz?

Wie höbe sich die Ranke,
Der keine Stütze Kraft verleiht?—
Wie wäre die Dirne fröhlich,
Wenn ihr der Liebste weit?—

Secondo

Ein kleiner, hübscher Vogel nahm den Flug
Zum Garten hin, da gab es Obst genug.
Wenn ich ein hübscher, kleiner Vogel wär,'
Ich säumte nicht, ich täte so wie der.

Leimruten — Arglist lauert an dem Ort;
Der arme Vogel konnte nicht mehr fort.
Wenn ich ein hübscher, kleiner Vogel wär,'
Ich säumte doch, ich täte nicht wie der.

Der Vogel kam in eine schöne Hand,
Da tat es ihm, dem Glücklichen, nicht and.
Wenn ich ein hübscher, kleiner Vogel wär,'
Ich säumte nicht, ich täte doch wie der.

Grazioso

6

Ein kleiner, hübscher Vogel nahm den Flug
Zum Garten hin, da gab es Obst genug.
Wenn ich ein hübscher, kleiner Vogel wär,'
Ich säumte nicht, ich täte so wie der.

Leimruten—Arglist lauert an dem Ort;
Der arme Vogel konnte nicht mehr fort.
Wenn ich ein hübscher, kleiner Vogel wär,'
Ich säumte doch, ich täte nicht wie der.

Der Vogel kam in eine schöne Hand,
Da tat es ihm, dem Glücklichen, nicht and.
Wenn ich ein hübscher, kleiner Vogel wär,'
Ich säumte nicht, ich täte doch wie der.

Secondo

Secondo

Wohl schön bewandt
War es vorehe
Mit meinem Leben,
Mit meiner Liebe;
Durch eine Wand,
Ja durch zehn Wände
Erkannte mich

Des Freundes Sehe;
Doch jetzo, wehe,
Wenn ich dem Kalten
Auch noch so dicht
Vor'm Auge stehe,
Es merkt's sein Auge,
Sein Herze nicht.

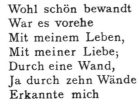

Wohl schön bewandt
War es vorehe
Mit meinem Leben,
Mit meiner Liebe;
Durch eine Wand,
Ja durch zehn Wände
Erkannte mich

Des Freundes Sehe;
Doch jetzo, wehe,
Wenn ich dem Kalten
Auch noch so dicht
Vor'm Auge stehe,
Es merkt's sein Auge,
Sein Herze nicht.

Secondo

Wenn so lind dein Auge mir
Und so lieblich schauet —
Jede letzte Trübe flieht,
Welche mich umgrauet.

Dieser Liebe schöne Glut,
Laß sie nicht verstieben!
Nimmer wird, wie ich, so treu
Dich ein Andrer lieben.

Wenn so lind dein Auge mir   Dieser Liebe schöne Glut,
Und so lieblich schauet —   Laß sie nicht verstieben!
Jede letzte Trübe flieht,   Nimmer wird, wie ich, so treu
Welche mich umgrauet.   Dich ein Andrer lieben.

Secondo

Am Donaustrande, da steht ein Haus,
Da schaut ein rosiges Mädchen aus.
Das Mädchen, es ist wohl gut gehegt,

Zehn eiserne Riegel sind vor die Türe gelegt.
Zehn eiserne Riegel— das ist ein Spaß;
Die spreng' ich, als wären sie nur von Glas.

Primo

Am Donaustrande, da steht ein Haus,   Zehn eiserne Riegel sind vor die Türe gelegt.
Da schaut ein rosiges Mädchen aus.   Zehn eiserne Riegel – das ist ein Spaß;
Das Mädchen, es ist wohl gut gehegt,   Die spreng' ich, als wären sie nur von Glas.

Secondo

O wie sanft die Quelle sich
Durch die Wiese windet;
O wie schön, wenn Liebe sich
Zu der Liebe findet!

O wie sanft die Quelle sich
Durch die Wiese windet;
O wie schön, wenn Liebe sich
Zu der Liebe findet!

Nein,es ist nicht auszukommen   Bin ich heiter, hegen soll ich
Mit den Leuten;   Lose Triebe;
Alles wissen sie so giftig   Bin ich still, so heißt's: ich wäre
Auszudeuten.   Irr' aus Liebe.

Nein, es ist nicht auszukommen   Bin ich heiter, hegen soll ich
Mit den Leuten;   Lose Triebe;
Alles wissen sie so giftig   Bin ich still, so heißt's: ich wäre
Auszudeuten.   Irr' aus Liebe.

Secondo

Schlosser auf! und mache Schlösser,
Schlösser ohne Zahl!
Denn die bösen, bösen Mäuler
Will ich schließen allzumal!

Vögelein durchrauscht die Luft,
Sucht nach einem Aste;
Und das Herz, ein Herz begehrt's,
Wo es selig raste.

Schlosser auf! und mache Schlösser,
Schlösser ohne Zahl!
Denn die bösen, bösen Mäuler
Will ich schließen allzumal!

Vögelein durchrauscht die Luft,
Sucht nach einem Aste,
Und das Herz, ein Herz begehrt's,
Wo es selig raste.

Secondo

Sieh', wie ist die Welle klar,
Blickt der Mond hernieder!
Die du meine Liebe bist,
Liebe du mich wieder!

Nachtigall, sie singt so schön
Wenn die Sterne funkeln;
Liebe mich, geliebtes Herz,
Küsse mich im Dunkeln.

Sieh', wie ist die Welle klar,
Blickt der Mond hernieder!
Die du meine Liebe bist,
Liebe du mich wieder!

Nachtigall, sie singt so schön
Wenn die Sterne funkeln;
Liebe mich, geliebtes Herz,
Küsse mich im Dunkeln.

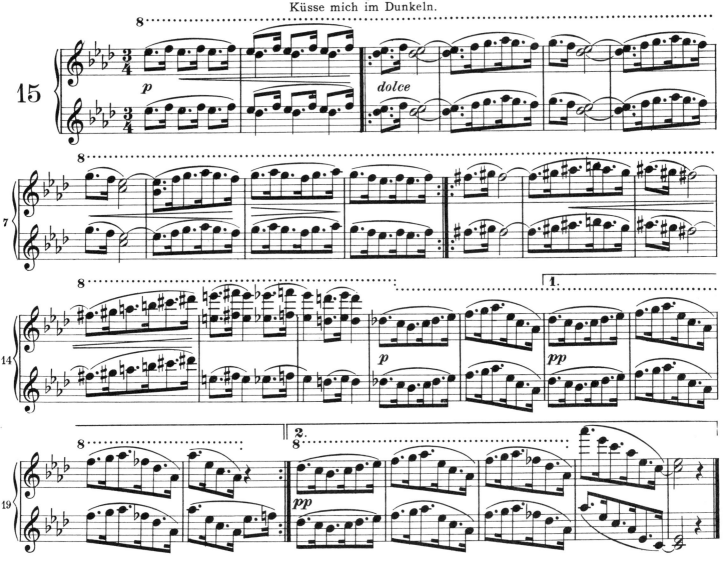

Secondo

Ein dunkeler Schacht ist Liebe,
Ein gar zu gefährlicher Bronnen;
Da fiel ich hinein, ich Armer,
Kann weder hören, noch seh'n,
Nur denken an meine Wonnen,
Nur stöhnen in meinen Weh'n.

Ein dunkeler Schacht ist Liebe,
Ein gar zu gefährlicher Bronnen;
Da fiel ich hinein, ich Armer,
Kann weder hören, noch seh'n,
Nur denken an meine Wonnen,
Nur stöhnen in meinen Weh'n.

Secondo

Nicht wandle, mein Licht, dort außen
Im Flurbereich!
Die Füße würden dir, die zarten,
Zu naß, zu weich.

All überströmt sind dort die Wege,
Die Stege dir;
So überreichlich tränte dorten
Das Auge mir.

Mit Ausdruck

Primo

Nicht wandle, mein Licht, dort außen
Im Flurbereich!
Die Füße würden dir, die zarten,
Zu naß, zu weich.

All überströmt sind dort die Wege,
Die Stege dir;
So überreichlich tränte dorten
Das Auge mir.

Secondo

Es bebet das Gesträuche;
Gestreift hat es im Fluge
Ein Vögelein.
In gleicher Art erbebet
Die Seele mir, erschüttert
Von Liebe, Lust und Leide,
Gedenkt sie dein.

Es bebet das Gesträuche;
Gestreift hat es im Fluge
Ein Vögelein.
In gleicher Art erbebet
Die Seele mir, erschüttert
Von Liebe, Lust und Leide,
Gedenkt sie dein.

Neue Liebeslieder

Walzer für Pianoforte zu vier Händen
(Verse aus „Polydora" von Daumer)

Johannes Brahms, Op. 65ª
(Veröffentlicht 1877)

Verzicht, o Herz, auf Rettung,
Dich wagend in der Liebe Meer!

Denn tausend Nachen schwimmen
Zertrümmert am Gestad umher!

Lebhaft, doch nicht schnell

Finstere Schatten der Nacht,
Wogen = und Wirbelgefahr!
Sind wohl, die da gelind
Rasten auf sicherem Lande,
Euch zu begreifen im Stande?

Das ist der nur allein,
Welcher auf wilder See
Stürmischer Öde treibt,
Meilen entfernt vom Strande.

Neue Liebeslieder

Walzer für Pianoforte zu vier Händen

(Verse aus „Polydora" von Daumer)

Johannes Brahms, Op. 65ª
(Veröffentlicht 1877)

Verzicht, o Herz, auf Rettung,
Dich wagend in der Liebe Meer!

Denn tausend Nachen schwimmen
Zertrümmert am Gestad umher!

Finstere Schatten der Nacht,
Wogen=und Wirbelgefahr!
Sind wohl, die da gelind
Rasten auf sicherem Lande,
Euch zu begreifen im Stande?

Das ist der nur allein,
Welcher auf wilder See
Stürmischer Öde treibt,
Meilen entfernt vom Strande.

Secondo

An jeder Hand die Finger
Hatt ich bedeckt mit Ringen,
Die mir geschenkt mein Bruder
In seinem Liebessinn.

Und einen nach dem andern
Gab ich dem schönen, aber
Unwürdigen Jüngling hin.

An jeder Hand die Finger
Hatt ich bedeckt mit Ringen,
Die mir geschenkt mein Bruder
In seinem Liebessinn.

Und einen nach dem andern
Gab ich dem schönen, aber
Unwürdigen Jüngling hin.

Secondo

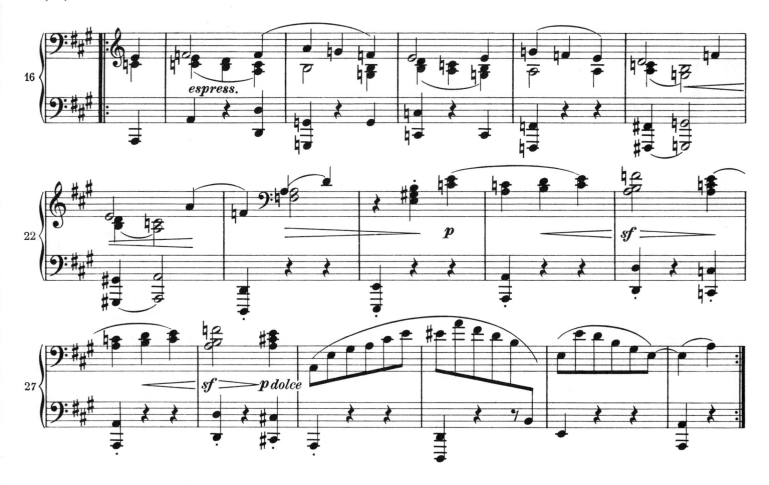

Ihr schwarzen Augen, ihr dürft nur winken —
Paläste fallen und Städte sinken.

Wie sollte stehn in solchem Strauß
Mein Herz, von Karten das schwache Haus?

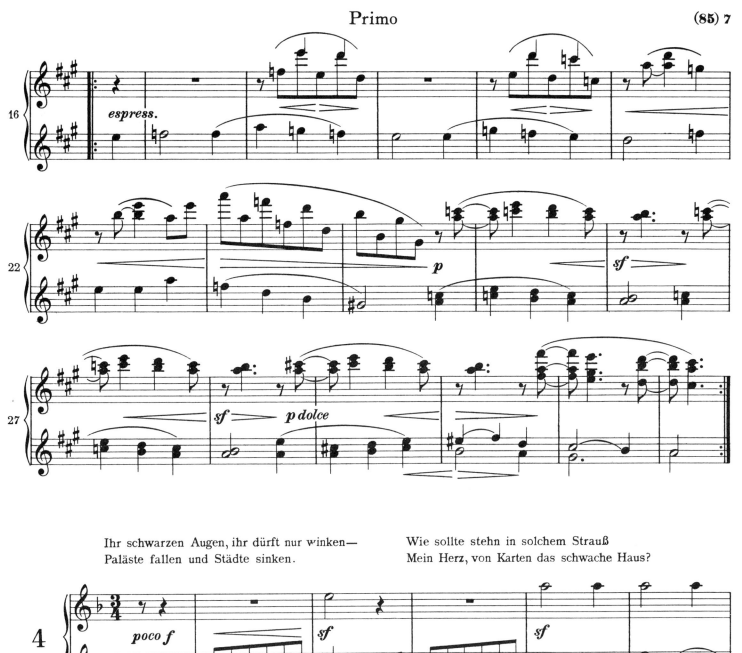

Ihr schwarzen Augen, ihr dürft nur winken—
Paläste fallen und Städte sinken.

Wie sollte stehn in solchem Strauß
Mein Herz, von Karten das schwache Haus?

Secondo

Wahre, wahre deinen Sohn,
Nachbarin, vor Wehe,
Weil ich ihn mit schwarzem Aug
Zu bezaubern gehe.

O wie brennt das Auge mir,
Das zu zünden fodert!
Flammet ihm die Seele nicht,
Deine Hütte lodert!

Rosen steckt mir an die Mutter,
Weil ich gar so trübe bin.

Sie hat Recht, die Rose sinket,
So wie ich, entblättert hin.

Wahre, wahre deinen Sohn,
Nachbarin, vor Wehe,
Weil ich ihn mit schwarzem Aug
Zu bezaubern gehe.

O wie brennt das Auge mir,
Das zu zünden fodert!
Flammet ihm die Seele nicht,
Deine Hütte lodert!

Rosen steckt mir an die Mutter,
Weil ich gar so trübe bin.

Sie hat Recht, die Rose sinket,
So wie ich, entblättert hin.

Secondo

Primo

(89) 11

Vom Gebirge Well auf Well
Kommen Regengüsse.

Und ich gäbe dir so gern
Hunderttausend Küsse.

Secondo

Weiche Gräser im Revier,   O wie linde ruht es hier
Schöne, stille Plätzchen!   Sich mit einem Schätzchen!

Weiche Gräser im Revier,
Schöne, stille Plätzchen!

O wie linde ruht es hier
Sich mit einem Schätzchen!

Secondo

Nagen am Herzen
Fühl ich ein Gift mir:
Kann sich ein Mädchen,
Ohne zu fröhnen

Zärtlichem Hang,
Fassen ein ganzes
Wonneberaubtes
Leben entlang?

Ich kose süß mit der und der
Und werde still und kranke;

Denn ewig, ewig kehrt zu dir,
O Nonna, mein Gedanke!

Nagen am Herzen
Fühl ich ein Gift mir:
Kann sich ein Mädchen,
Ohne zu fröhnen

Zärtlichem Hang,
Fassen ein ganzes
Wonneberaubtes
Leben entlang?

Ich kose süß mit der und der
Und werde still und kranke;

Denn ewig, ewig kehrt zu dir,
O Nonna, mein Gedanke!

Secondo

Alles, alles in den Wind
Sagst du mir, du Schmeichler!
Allesammt verloren sind
Deine Müh'n, du Heuchler!

Einem andern Fang' zu lieb
Stelle deine Falle!
Denn du bist ein loser Dieb,
Denn du buhlst um Alle!

Schwarzer Wald, dein Schatten ist so düster!
Armes Herz, dein Leiden ist so drückend!

Was dir einzig wert, es steht vor Augen,
Ewig untersagt ist Huldvereinung!

Alles, alles in den Wind
Sagst du mir, du Schmeichler!
Allesammt verloren sind
Deine Müh'n, du Heuchler!

Einem andern Fang' zu lieb
Stelle deine Falle!
Denn du bist ein loser Dieb,
Denn du buhlst um Alle!

Schwarzer Wald, dein Schatten ist so düster!
Armes Herz, dein Leiden ist so drückend!

Was dir einzig wert, es steht vor Augen,
Ewig untersagt ist Huldvereinung!

Secondo

Nein, Geliebter, setze dich
Mir so nahe nicht!
Starre nicht so brünstiglich
Mir in's Angesicht!

Wie es auch im Busen brennt,
Dämpfe deinen Trieb,
Daß es nicht die Welt erkennt,
Wie wir uns so lieb.

13

Lebhaft

Nein, Geliebter, setze dich
Mir so nahe nicht!
Starre nicht so brünstiglich
Mir in's Angesicht!

Wie es auch im Busen brennt,
Dämpfe deinen Trieb,
Daß es nicht die Welt erkennt,
Wie wir uns so lieb.

Flammenauge, dunkles Haar,   Kann in Eis der Sonne Brand,   Ist die Flur so voller Licht,
Knabe wonnig und verwogen,   Sich in Nacht der Tag verkehren?   Daß die Blum' im Dunkel stehe?
Kummer ist durch dich hinein   Kann die heiße Menschenbrust   Ist die Welt so voller Lust,
In mein armes Herz gezogen!   Atmen ohne Glutbegehren?   Daß das Herz in Qual vergehe?

Flammenauge, dunkles Haar,   Kann in Eis der Sonne Brand,   Ist die Flur so voller Licht,
Knabe wonnig und verwogen,   Sich in Nacht der Tag verkehren?   Daß die Blum' im Dunkel stehe?
Kummer ist durch dich hinein   Kann die heiße Menschenbrust   Ist die Welt so voller Lust,
In mein armes Herz gezogen!   Atmen ohne Glutbegehren?   Daß das Herz in Qual vergehe?

Secondo

Zum Schluß

Goethe

Nun, ihr Musen, genug! Vergebens strebt ihr zu schildern,
Wie sich Jammer und Glück wechseln in liebender Brust.
Heilen könnet die Wunden ihr nicht, die Amor geschlagen;
Aber Linderung kommt einzig, ihr Guten, von euch.

Zum Schluß

Goethe

Nun, ihr Musen, genug! Vergebens strebt ihr zu schildern,
Wie sich Jammer und Glück wechseln in liebender Brust.
Heilen könnet die Wunden ihr nicht, die Amor geschlagen;
Aber Linderung kommt einzig, ihr Guten, von euch.

Secondo

Ungarische Tänze
für Pianoforte zu vier Händen gesetzt

Secondo

Johannes Brahms
(Ungarische Tänze Heft 1, veröffentlicht 1869)

1

Ungarische Tänze

für Pianoforte zu vier Händen gesetzt

Primo

1

Johannes Brahms
(Ungarische Tänze Heft **1**, veröffentlicht **1869**)

Secondo

Secondo

Secondo

2

Allegro non assai

2

Secondo

Vivo

Secondo

Primo

(119) 15

Tempo I (Allegro non assai)

sempre con passione

Secondo

3

Allegretto

3

Secondo

Primo

Secondo

4

4

Secondo

Secondo

D.C. sin'al Fine

Secondo

5

5

Secondo

Ungarische Tänze

für Pianoforte zu vier Händen gesetzt

Secondo

6

Johannes Brahms
(Ungarische Tänze Heft 2, veröffentlicht 1869)

Ungarische Tänze

für Pianoforte zu vier Händen gesetzt

Primo

6

Johannes Brahms
(Ungarische Tänze Heft 2, veröffentlicht 1869)

Secondo

Secondo

Secondo

7

7

Secondo

8

8

Secondo

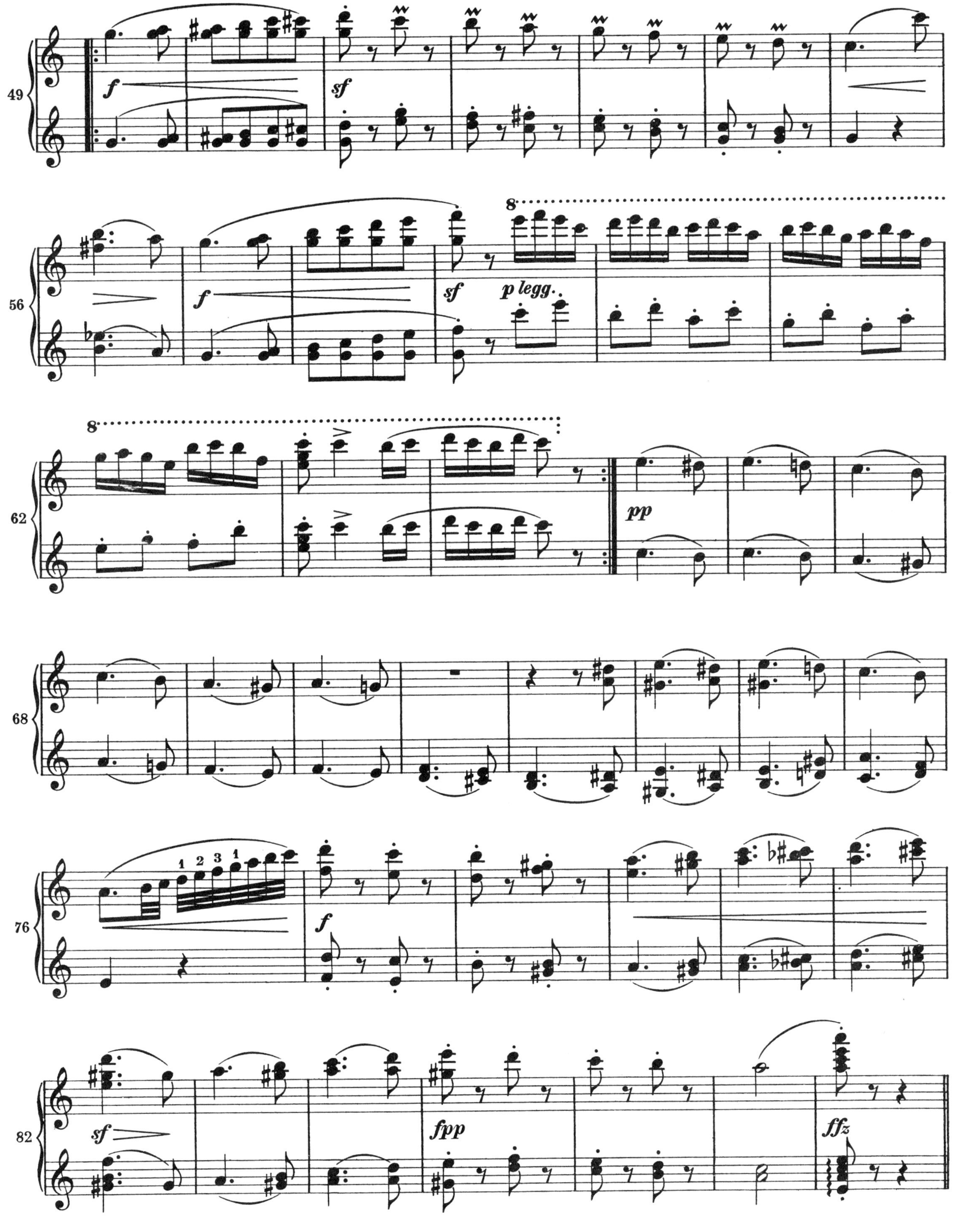
49
f
sf
56
f
sf
p legg.
8
62
8
pp
68
76
1 2 3 1
f
82
sf
fpp
ffz

Secondo

Secondo

Secondo

9

Allegro non troppo

9

Secondo

Secondo

10

10

Secondo

Secondo

Ungarische Tänze
für Pianoforte zu vier Händen gesetzt

Secondo

11

Johannes Brahms
(Ungarische Tänze Heft 3, veröffentlicht 1880)

Ungarische Tänze

für Pianoforte zu vier Händen gesetzt

Primo

11

Johannes Brahms
(Ungarische Tänze Heft 3, veröffentlicht 1880)

Secondo

Secondo

12

12

Secondo

Primo

Secondo

Secondo

13

13

Secondo

Secondo

14

Un poco Andante

14

Un poco Andante

Secondo

15

Allegretto grazioso

15

Secondo

Secondo

Secondo

16

16

Secondo

Secondo

Ungarische Tänze
für Pianoforte zu vier Händen gesetzt

Secondo

17

Johannes Brahms
(Ungarische Tänze Heft 4, veröffentlicht 1880)

Ungarische Tänze
für Pianoforte zu vier Händen gesetzt

Primo

17

Johannes Brahms
(Ungarische Tänze Heft 4, veröffentlicht 1880)

Secondo

Secondo

Secondo

Secondo

18

Molto vivace

18

Secondo

Secondo

19

Allegretto

19

Secondo

Primo

(207) 103

Secondo

20

Poco Allegretto

20

Secondo

Secondo

21

21

Secondo

Secondo